mokykla - şcoală	2
kelionė - călătorie	5
transportas - transport	8
miestas - oraş	10
kraštovaizdis - peisaj	14
restoranas - restaurant	17
prekybos centras - supermarket	20
gėrimai - băuturi	22
maistas - mâncare	23
ūkininko ūkis - gospodărie ţărănească	27
namas - casă	31
svetainė - cameră de zi	33
virtuvė - bucătărie	35
vonios kambarys - baie	38
vaiko kambarys - camera copiilor	42
drabužis - îmbrăcăminte	44
biuras - birou	49
ekonomika - economie	51
profesijos - ocupaţii	53
įrankiai - instrumente	56
muzikos instrumentai - instrumente muzicale	57
zoologijos sodas - grădină zoologică	59
sportas - sport	62
užsiėmimai - activităţi	63
šeima - familie	67
kūnas - corp	68
ligoninė - spital	72
nelaimingas atsitikimas - urgenţă	76
Žemė - pământ	77
laikrodis - ceas	79
savaitė - săptămână	80
metai - an	81
formos - forme	83
spalvos - culori	84
priešingos reikšmės žodžiai - antonime	85
skaičiai - cifre	88
kalbos - limbi	90
kas / ką / kaip - cine/ce/cum	91
kur - unde	92

Impressum
Verlag: BABADADA GmbH, Nedderfeld 112 , 22529 Hamburg
Geschäftsführer / Verlagsleitung: Harald Hof
Druck: Books on Demand GmbH, In de Tarpen 42, 22848 Norderstedt

Imprint
Publisher: BABADADA GmbH, Nedderfeld 112 , 22529 Hamburg, Germany
Managing Director / Publishing direction: Harald Hof
Print: Books on Demand GmbH, In de Tarpen 42, 22848 Norderstedt, Germany

mokykla

școală

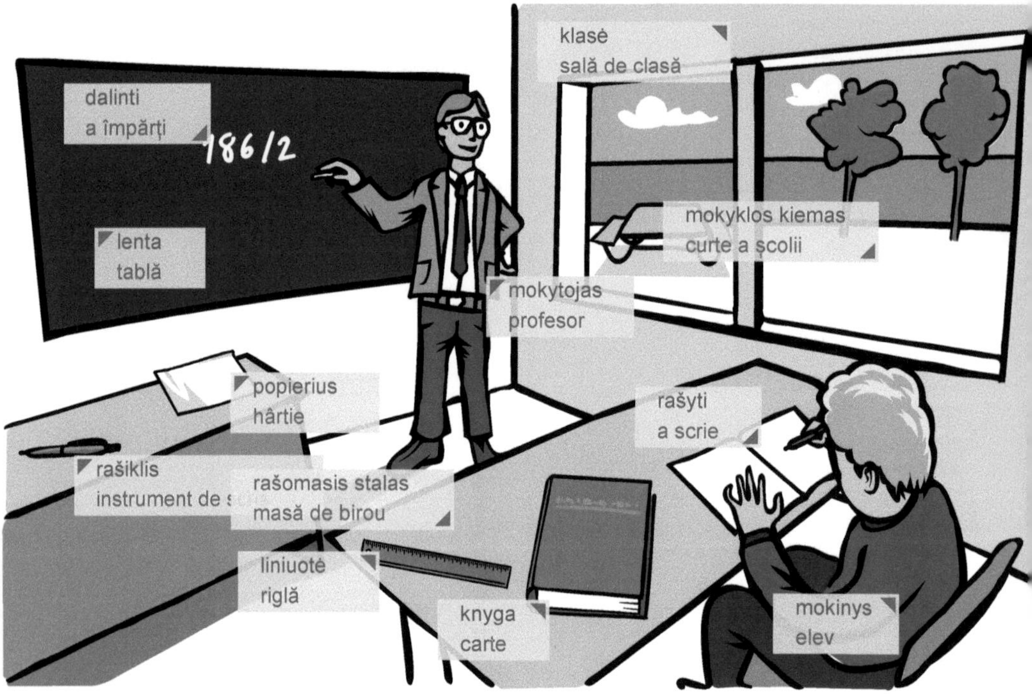

klasė
sală de clasă
dalinti
a împărți
186/2
lenta
tablă
mokyklos kiemas
curte a școlii
mokytojas
profesor
popierius
hârtie
rašyti
a scrie
rašiklis
instrument de
rašomasis stalas
masă de birou
liniuotė
riglă
knyga
carte
mokinys
elev

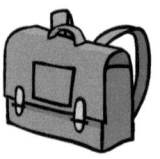

kuprinė

ghiozdan

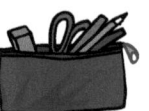

penalas

penar

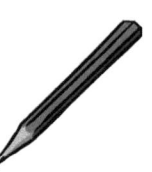

pieštukas

creion

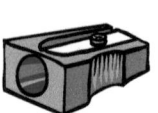

drožtukas

ascuțitoare

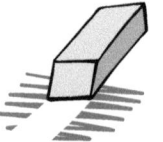

trintukas

radieră

piešimo bloknotas

bloc de desen

piešinys

desen

teptukas

pensulă

dažų dėžutė

cutie de acuarele

žirklės

foarfece

klijai

lipici

vadovėlis

caiet de exerciții

namų darbai

temă

12

numeris

număr

2+2

pridėti

a aduna

5-2

atimti

a scădea

2×2

dauginti

a multiplica

skaičiuoti

a calcula

A

raidė

literă

ABCDEFG
HIJKLMN
OPQRSTU
VWXYZ

abėcėlė

alfabet

hello

žodis

cuvânt

tekstas

text

skaityti

a citi

kreida

cretă

pamoka

oră

dienynas

catalog

egzaminas

examen

pažymėjimas

certificat

mokyklinė uniforma

uniformă școlară

išsilavinimas

educație

enciklopedija

enciclopedie

universitetas

universitate

mikroskopas

microscop

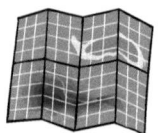

žemėlapis

hartă

šiukšliadėžė

coș de gunoi

kelionė
călătorie

viešbutis
hotel
svečių namai
hostel
ROOMS
Grand
valiutos keitykla
casă de schimb valutar
lagaminas
valiză
mašina
autovehicul

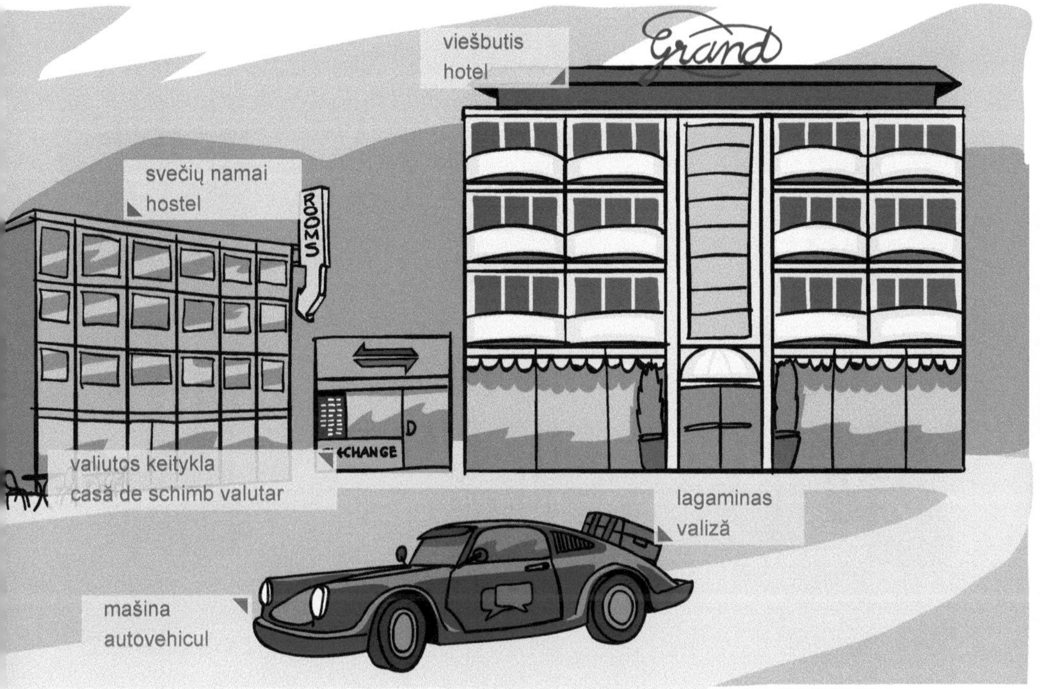

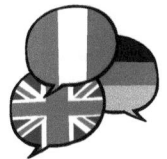

kalba
limbă

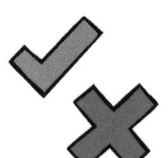

taip / ne
da/nu

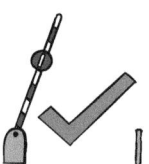

Gerai
okay

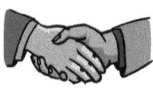

sveiki
Bună!

vertėjas raštu
interpret

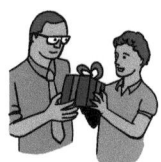

Ačiū
mulțumesc

kiek kainuoja...?

Cât costă...?

aš nesuprantu

Nu înțeleg

problema

problemă

Labas vakaras!

Bună seara!

Labas rytas!

Bună dimineața!

Labos nakties!

Noapte bună!

viso gero

la revedere

kryptis

direcție

bagažas

bagaj

krepšys

geantă

kuprinė

rucsac

svečias

oaspete

kambarys

cameră

miegmaišis

sac de dormit

palapinė

cort

turizmo informacija

punct de informare turistică

paplūdimys

plajă

kreditinė kortelė

carte de credit

pusryčiai

mic dejun

pietūs

masa de prânz

vakarienė

cină

bilietas

bilet de călătorie

liftas

lift

pašto ženklas

timbru poștal

siena

graniță

muitinė

vamă

ambasada

ambasadă

viza

viză

pasas

pașaport

transportas

transport

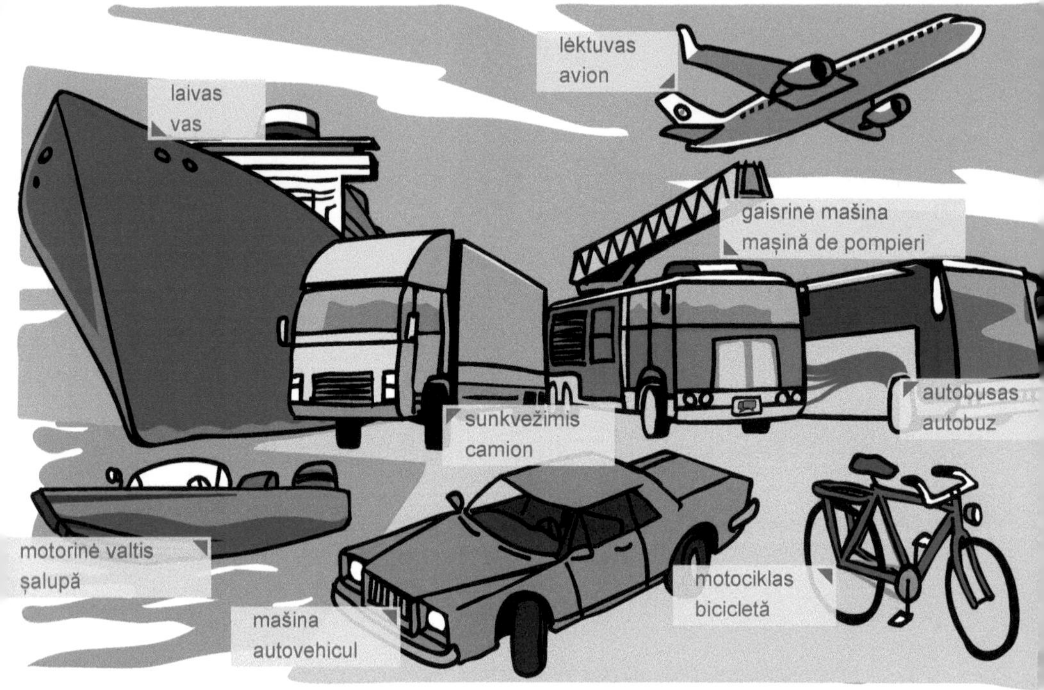

lėktuvas
avion
laivas
vas
gaisrinė mašina
mașină de pompieri
autobusas
autobuz
sunkvežimis
camion
motorinė valtis
șalupă
motociklas
bicicletă
mašina
autovehicul

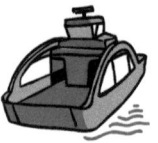

keltas

feribot

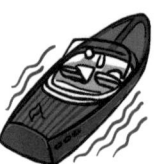

valtis

barcă

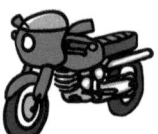

mopedas

motocicletă

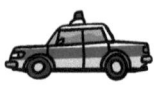

policijos automobilis

mașină de poliție

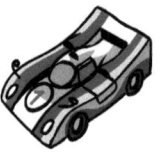

lenktyninis automobilis

mașină de curse

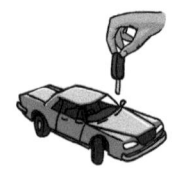

nuomojamas automobilis

mașină închiriată

bendras automobilio
naudojimas

car sharing

techninės pagalbos
automobilis

mașină de tractat

šiukšliavežė

mașină de gunoi

variklis

motor

degalai

combustibil

degalinė

benzinărie

kelio ženklas

semn de circulație

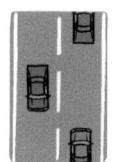

eismas

trafic

eismo spūstis

ambuteiaj

mašinų stovėjimo aikštelė

parcare

traukinių stotis

gară

bėgiai

șine

traukinys

tren

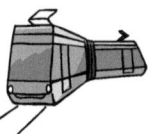

tramvajus

tramvai

vagonas

vagon

sraigtasparnis

elicopter

oro uostas

aeroport

bokštas

turn

keleivis

pasager

konteineris

container

dėžė

carton

vežimėlis

căruță

krepšys

coș

pakilti / nusileisti

a decola/a ateriza

miestas

oraș

kaimas

sat

miesto centras

centru

namas

casă

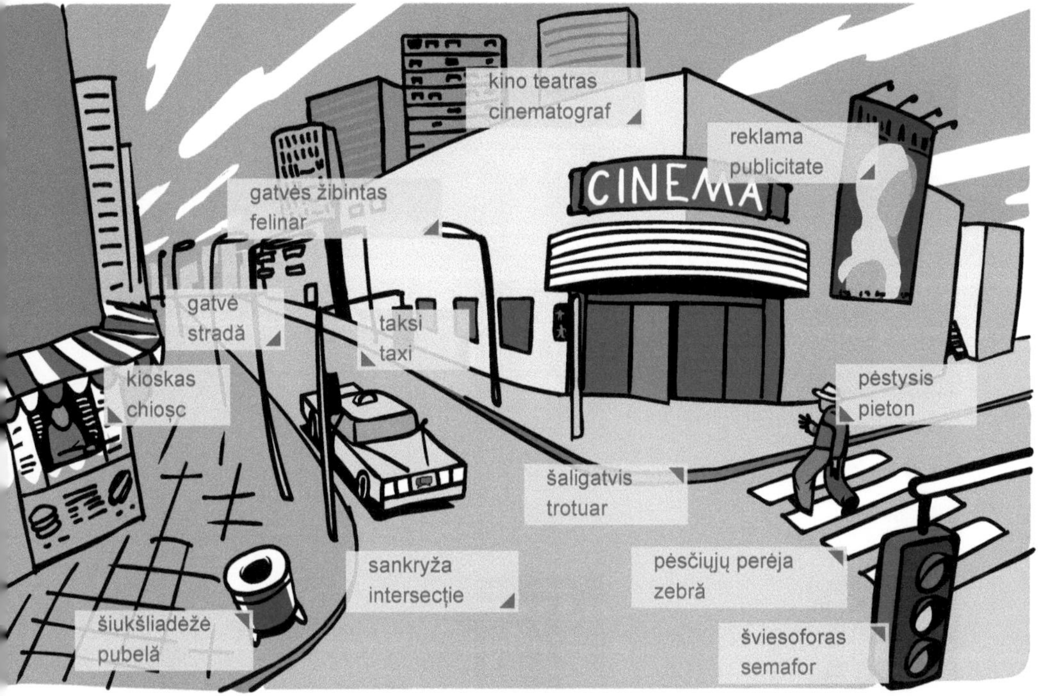

kino teatras
cinematograf

reklama
publicitate

gatvės žibintas
felinar

CINEMA

gatvė
stradă

taksi
taxi

kioskas
chiosc

pėstysis
pieton

šaligatvis
trotuar

sankryža
intersecție

pėsčiųjų perėja
zebră

šiukšliadėžė
pubelă

šviesoforas
semafor

trobelė
....
cabană

butas
....
apartament

traukinių stotis
....
gară

rotušė
....
primărie

muziejus
....
muzeu

mokykla
....
școală

universitetas

universitate

bankas

bancă

ligoninė

spital

viešbutis

hotel

vaistinė

farmacie

biuras

birou

knygynas

librărie

parduotuvė

magazin

gėlių parduotuvė

florărie

prekybos centras

supermarket

turgus

piață

universalinė parduotuvė

magazin universal

žuvies parduotuvė

comerciant de pește

prekybos centras

centru comercial

uostas

port

parkas
parc

suoliukas
bancă

tiltas
pod

laiptai
trepte

metro
metrou

tunelis
tunel

autobusų stotelė
stație de autobuz

baras
bar

restoranas
restaurant

lauko pašto dėžutė
cutie poștală

kelio ženklas
tăbliță indicatoare cu
numele străzii

parkomatas
parcometru

zoologijos sodas
grădină zoologică

baseinas
piscină

mečetė
moschee

ūkininko ūkis

gospodărie țărănească

tarša

poluare

kapinės

cimitir

bažnyčia

biserică

žaidimų aikštelė

loc de joacă

šventykla

templu

kraštovaizdis
peisaj

lapas
frunză

kelio rodyklė
indicator

kelias
drum

pieva
pajiște

akmuo
piatră

medis
copac

ėjikas
drumeț

upė
râu

žolė
iarbă

gėlė
floare

slėnis

vale

kalva

deal

ežeras

lac

miškas

pădure

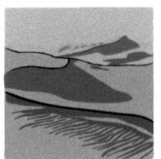

dykuma

deșert

ugnikalnis

vulcan

pilis

castel

vaivorykštė

curcubeu

grybas

ciupercă

palmė

palmier

uodas

țânțar

musė

muscă

skruzdėlė

furnică

bitė

albină

voras

păianjen

vabalas

gândac

varlė

broască

voverė

veveriță

ežys

arici

kiškis

iepure

peléda

bufniță

paukštis

pasăre

gulbė

lebădă

šernas

porc mistreț

elnias

cerb

briedis

elan

užtvanka

dig

vėjo jėgainė

turbină eoliană

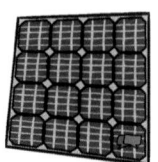

saulės baterija

panou solar

klimatas

climă

restoranas
restaurant

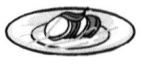

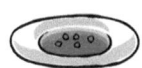

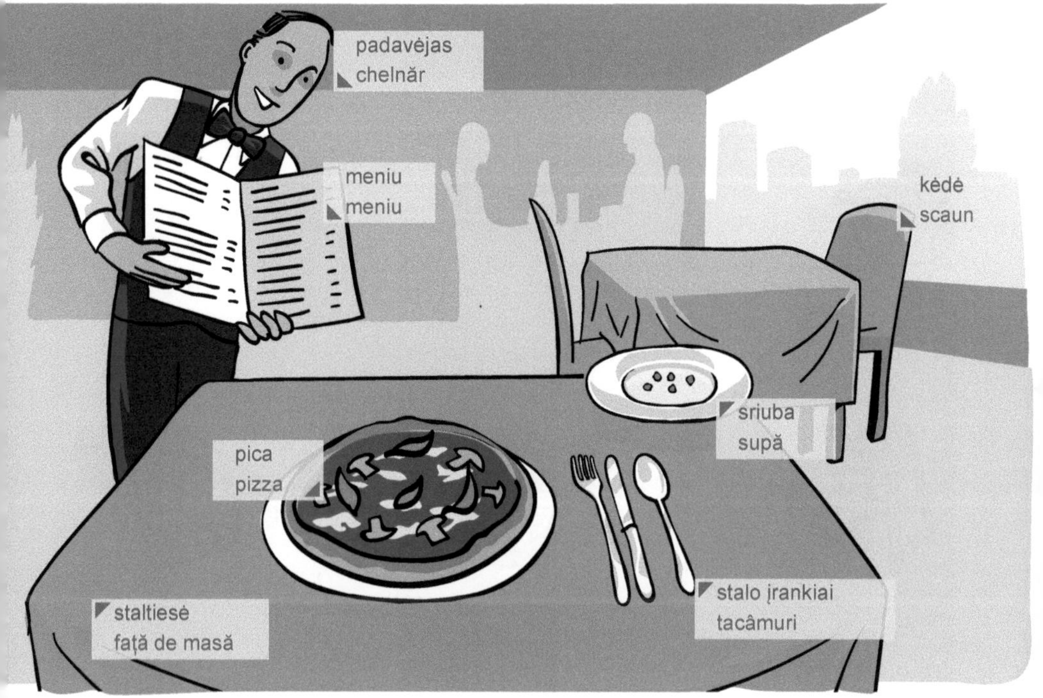
padavėjas
chelnăr
meniu
meniu
kėdė
scaun
sriuba
supă
pica
pizza
stalo įrankiai
tacâmuri
staltiesė
față de masă

užkandis
antreu

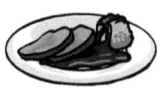

pagrindinis patiekalas
fel principal

desertas
desert

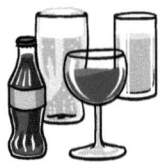

gėrimai
băuturi

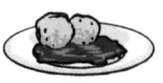

maistas
mâncare

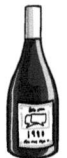

butelis
sticlă

greitai pateikiamas maistas

fastfood

gatvės maistas

streetfood

arbatinukas

ceainic

cukrinė

zaharniță

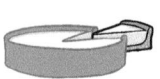

porcija

porție

espreso aparatas

espressor

aukšta kėdė

scaun înalt (pentru copii)

sąskaita

factură

padėklas

tavă

peilis

cuțit

šakutė

furculiță

šaukštas

lingură

arbatinis šaukštelis

linguriță

servetėlė

șervețel

stiklinė

pahar

restoranas - restaurant

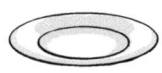

lėkštė
farfurie

sriubos lėkštė
farfurie de supă

padėklas
farfurie

padažas
sos

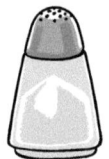

druskinė
solniță

pipirų malūnėlis
râșniță de piper

actas
oțet

aliejus
ulei

prieskoniai
condimente

kečupas
ketchup

garstyčios
muștar

majonezas
maioneză

prekybos centras
supermarket

specialus pasiūlymas
ofertă
FOR
pirkėjas
client
pieno produktai
produse lactate
vaisiai
fructe
troleibusas
cărucior de cumpărături

BUTCHERS

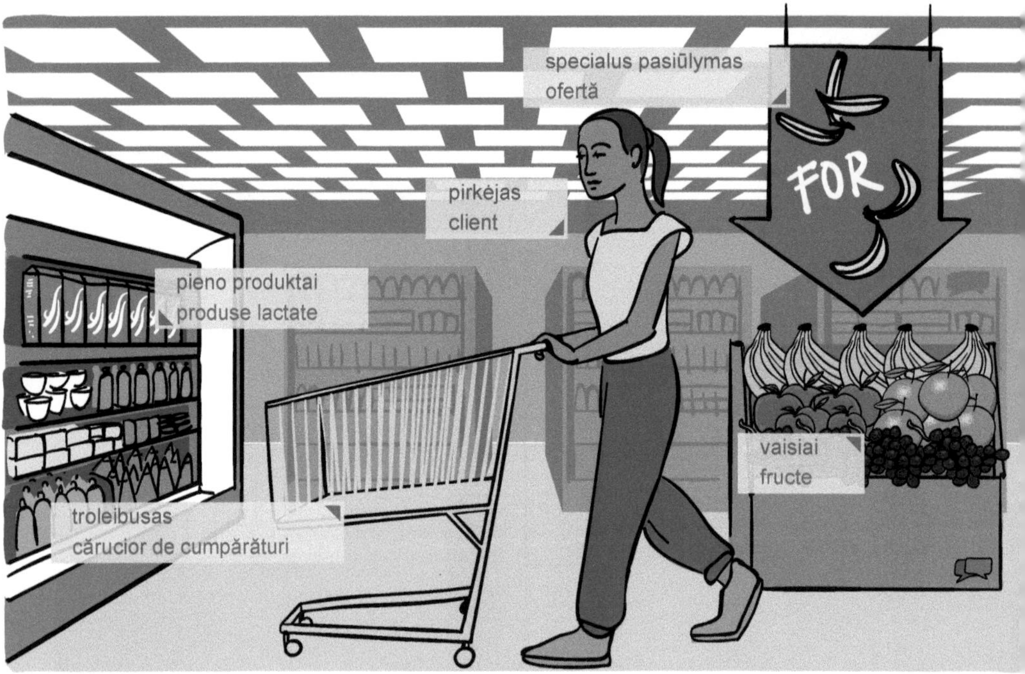

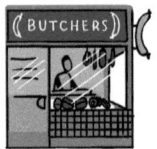

mėsos parduotuvė

măcelărie

BAKERY

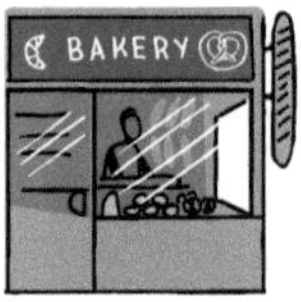

kepykla

brutărie

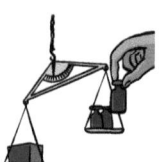

sverti

a cântări

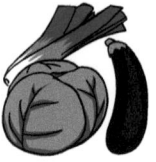

daržovės

legume

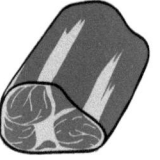

mėsa

carne

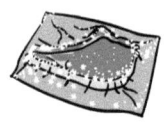

šaldytas maistas

alimente refrigerate

šalti mėsos užkandžiai
ezeluri și brânzeturi feliate

konservai
conserve

skalbimo milteliai
detergent

saldumynai
dulciuri

ūkinės prekės
articole de menaj

valymo priemonės
produse de curățenie

pardavėja
vânzătoare

kasos aparatas
casă

kasininkas
casier

pirkinių sąrašas
listă de cumpărături

darbo valandos
orar

piniginė
portmoneu

kreditinė kortelė
carte de credit

maišelis
geantă

plastikinis maišelis
pungă de plastic

vanduo

apă

sultys

suc

pienas

lapte

kola

cola

vynas

vin

alus

bere

alkoholis

alcool

kakava

cacao

arbata

ceai

kava

cafea

espresas

espresso

kapučinas

cappucino

bananas

banane

obuolys

măr

apelsinas

portocală

arbūzas

pepene

citrina

lămâie

morka

morcov

česnakas

usturoi

bambukas

bambus

svogūnas

ceapă

grybas

ciupercă

riešutai

nuci

makaronai

paste făinoase

spagečiai

spagheti

ryžiai

orez

salotos

salată

traškučiai

cartofi prăjiţi

keptos bulvės

cartofi ţărăneşti

pica

pizza

mėsainis

hamburger

sumuštinis

sandwich

pjausnys

şniţel

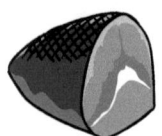

kumpis

şuncă

saliamis

salam

dešrelė

cârnaţi

vištiena

pui

kepsnys

friptură

žuvis

peşte

avižų dribsniai

fulgi de ovăz

dribsniai su priedais

musli

kukurūzų dribsniai

cereale

miltai

făină

prancūziškasis ragelis

corn

bandelė

chifle

duona

pâine

skrebutis

pâine prăjită

sausainiai

biscuiți

sviestas

unt

varškė

brânză de vaci

tortas

prăjitură

kiaušinis

ou

kiaušinienė

ouă ochiuri

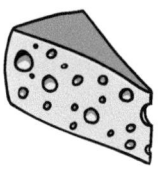

sūris

brânză

ledai

înghețată

cukrus

zahăr

medus

miere

uogienė

marmeladă

tepamas šokoladas

cremă nuga

karis

curry

ūkininko ūkis
gospodărie ţărănească

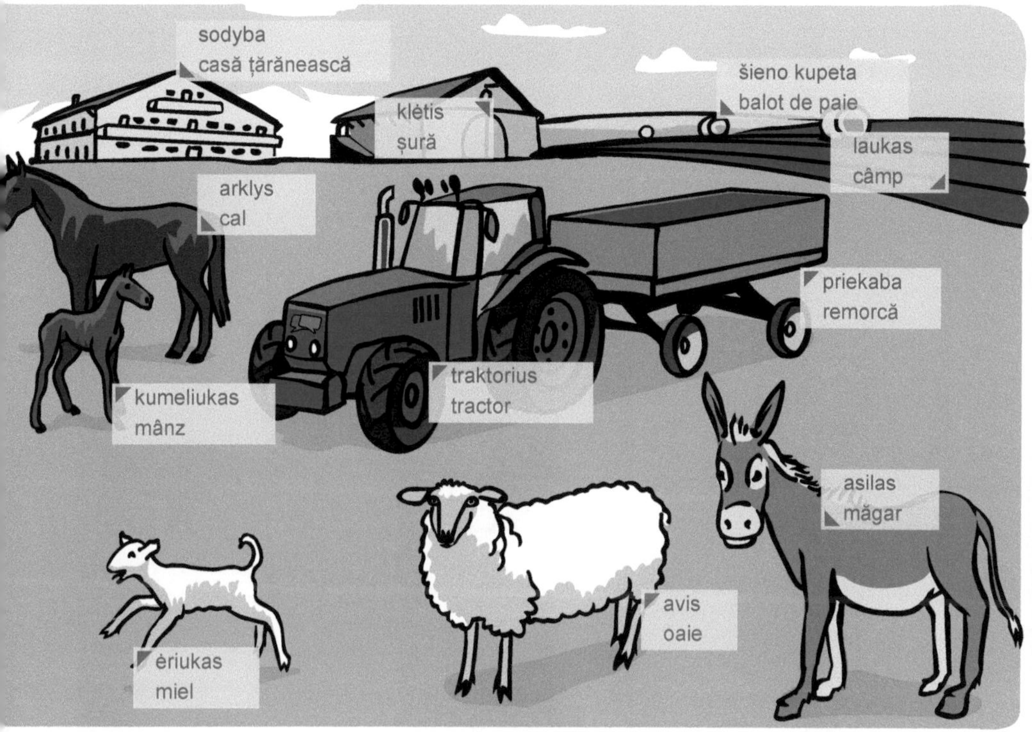

sodyba
casă ţărănească
klėtis
şură
šieno kupeta
balot de paie
laukas
câmp
arklys
cal
priekaba
remorcă
kumeliukas
mânz
traktorius
tractor
asilas
măgar
avis
oaie
ėriukas
miel

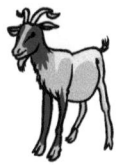

ožys
capră

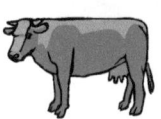

karvė
vacă

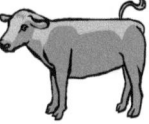

veršis
viţel

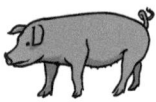

kiaulė
porc

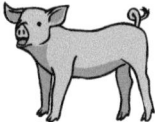

paršelis
purcel

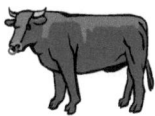

bulius
taur

žąsis

gāină

antis

rață

viščiukas

pui

višta

gāină

gaidys

cocoș

žiurkė

șobolan

katė

pisică

pelė

șoarece

jautis

bou

šuo

câine

šuns būda

cușcă

sodo namas

furtun de grădină

laistytuvas

stropitoare

dalgis

coasă

plūgas

plug

pjautuvas

secerǎ

kauptukas

sapǎ

šakės

furcǎ

kirvis

secure

statinė

roabǎ

lovys

troacǎ

bidonas

canǎ pentru lapte

maišas

sac

tvora

gard

arklidė

grajd

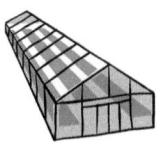

šiltnamis

serǎ

dirva

sol

sėkla

sǎmânțǎ

trąšos

fertilizator

kombainas

combinǎ de treierat

rinkti

a culege

derlius

recoltă

saldžiosios bulvės

cartof yam

kviečiai

grâu

soja

soia

bulvė

cartof

kukurūzai

porumb

rapsai

rapiță

vaismedis

pom fructifer

manijokas

manioc

grūdai

cereale

namas
casă

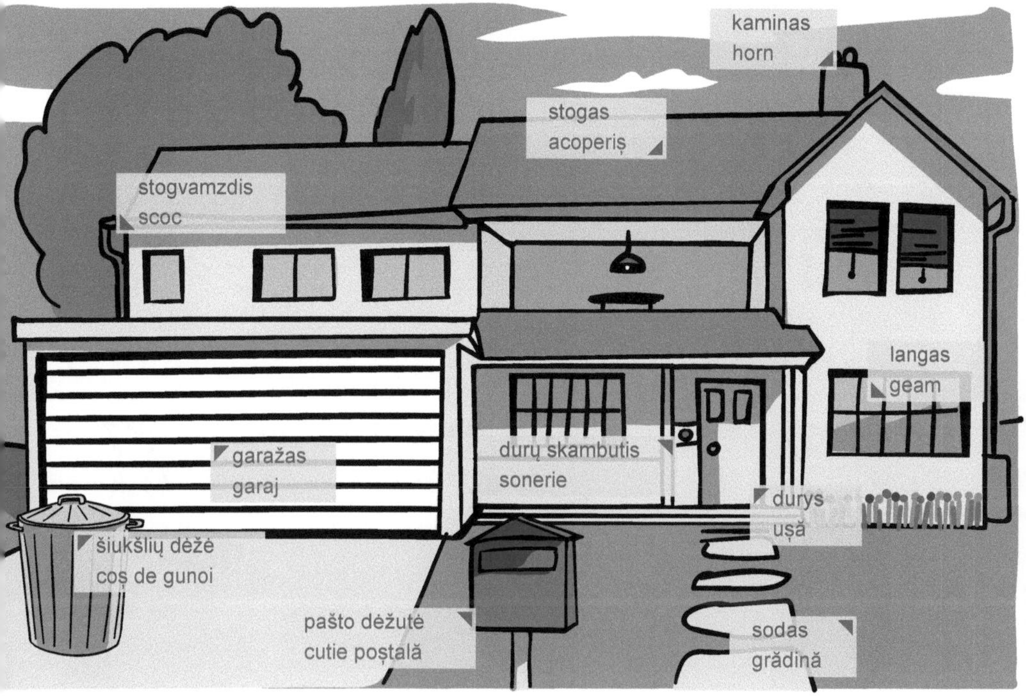

kaminas
horn
stogas
acoperiș
stogvamzdis
scoc
langas
geam
garažas
garaj
durų skambutis
sonerie
durys
ușă
šiukšlių dėžė
coș de gunoi
pašto dėžutė
cutie poștală
sodas
grădină

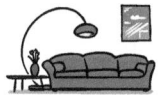

svetainė

cameră de zi

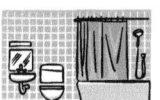

vonios kambarys

baie

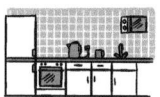

virtuvė

bucătărie

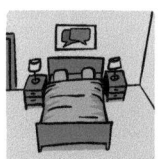

miegamasis

dormitor

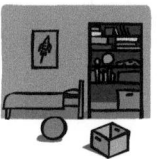

vaiko kambarys

camera copiilor

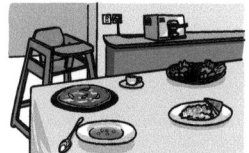

valgomasis

sufragerie

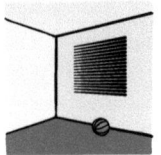

grindys
podea

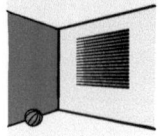

siena
perete

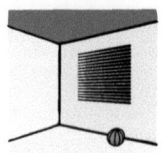

lubos
tavan

rūsys
pivniță

sauna
saună

balkonas
balcon

terasa
terasă

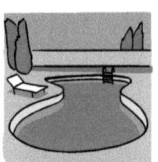

baseinas
piscină

žoliapjovė
mașină de tuns iarba

paklodė
cearșaf

lovatiesė
cuvertură

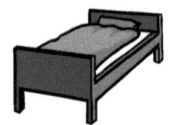

lova
pat

šluota
mătură

kibiras
găleată

jungiklis
întrerupător

svetainė
cameră de zi

tapetai
tapet
nuotrauka
pictură
šviestuvas
lampă
lentyna
raft
spintelė
dulap
televizorius
televizor
židinys
șemineu
gėlė
floare
pagalvėlė
pernă
sofa
sofa
vaza
vază
nuotolinio valdymo pultelis
telecomandă

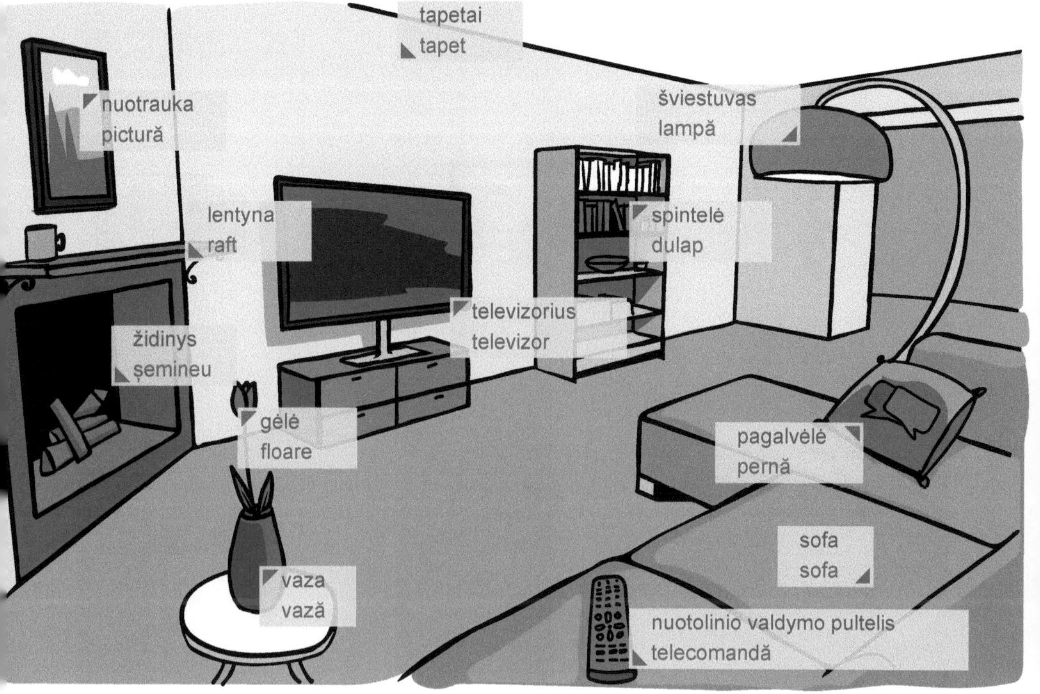

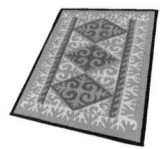

kilimas

covor

užuolaida

perdea

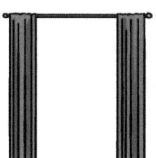

stalas

masă

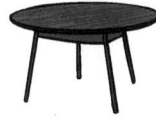

kėdė

scaun

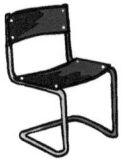

supamasis krėslas

balansoar

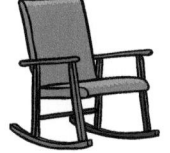

fotelis

fotoliu

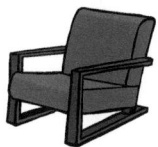

knyga

carte

antklodė

pătură

papuošimai

decoraţiune

malkos

lemn de foc

filmas

film

stereo aparatūra

instalaţie stereo

raktas

cheie

laikraštis

ziar

paveikslas

desen

plakatas

poster

radijas

radio

užrašų knygelė

caiet de notiţe

dulkių siurblys

aspirator

kaktusas

cactus

žvakė

lumânare

virtuvė
bucătărie

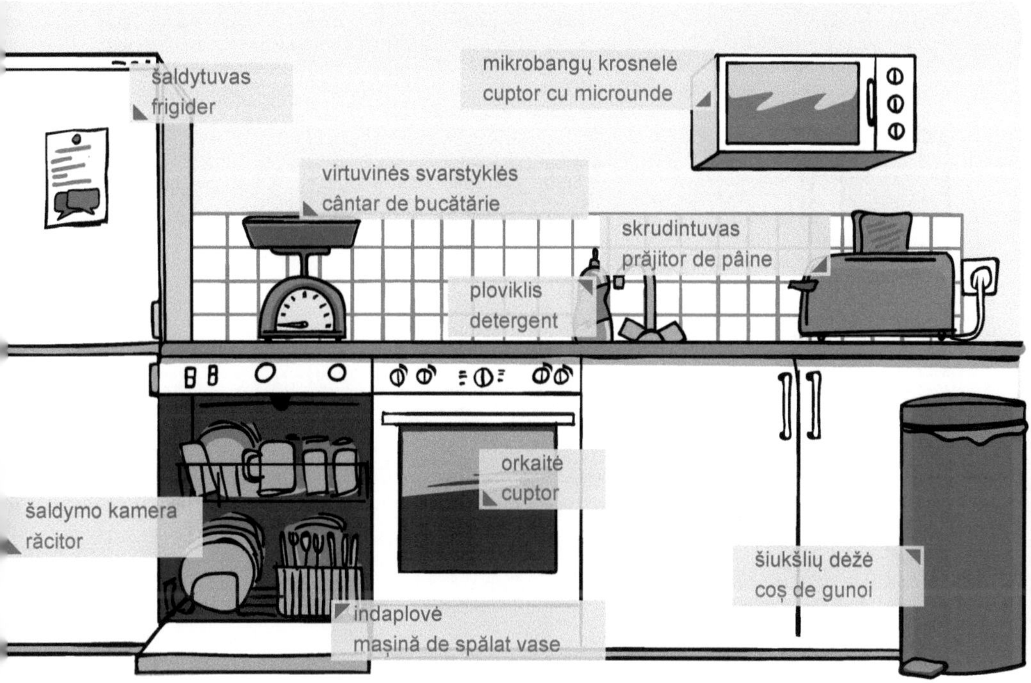

šaldytuvas
frigider
mikrobangų krosnelė
cuptor cu microunde
virtuvinės svarstyklės
cântar de bucătărie
skrudintuvas
prăjitor de pâine
ploviklis
detergent
orkaitė
cuptor
šaldymo kamera
răcitor
šiukšlių dėžė
coș de gunoi
indaplovė
mașină de spălat vase

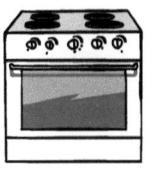

viryklė
cuptor

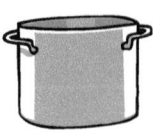

puodas
oală

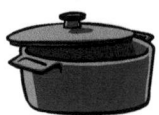

ketaus puodas
oală de metal

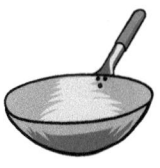

„wok“ keptuvė
wok/kadai

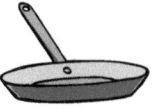

keptuvė
tigaie

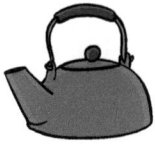

virdulys
ceainic

garų puodas

oală de gătit cu aburi

kepimo skarda

tavă de copt

porceliano indai

veselă

puodelis

pahar

dubuo

bol

valgomosios lazdelės

beţişoare

samtis

polonic

mentelė

spatulă

plaktuvas

tel

koštuvas

sită

sietas

sită

trintuvė

răzătoare

grūstuvė

mojar

kepsninė

grătar

atvira liepsna

loc pentru grătar

pjaustymo lentelė

tocător

kočėlas

sucitor

kamščiatraukis

tirbușon

skardinė

conservă

skardinių atidarytuvas

deschizător de conserve

puodkėlė

șervete termice

kriauklė

chiuvetă

šepetys

perie

kempinė

burete

trintuvas

mixer

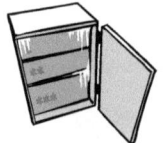

šaldiklis

ladă frigorifică

kūdikių buteliukas

biberon

čiaupas

robinet

vonios kambarys

baie

šildymas
încălzire
rankšluostis
prosop
dušas
duș
dušo užuolaidos
perdea de duș
vonios putos
baie cu spumă
vonia
cadă
stiklinė
pahar
skalbimo mašina
mașină de spălat
čiaupas
robinet
plytelės
gresie
naktinis puodukas
oală de noapte
kriauklė
chiuvetă

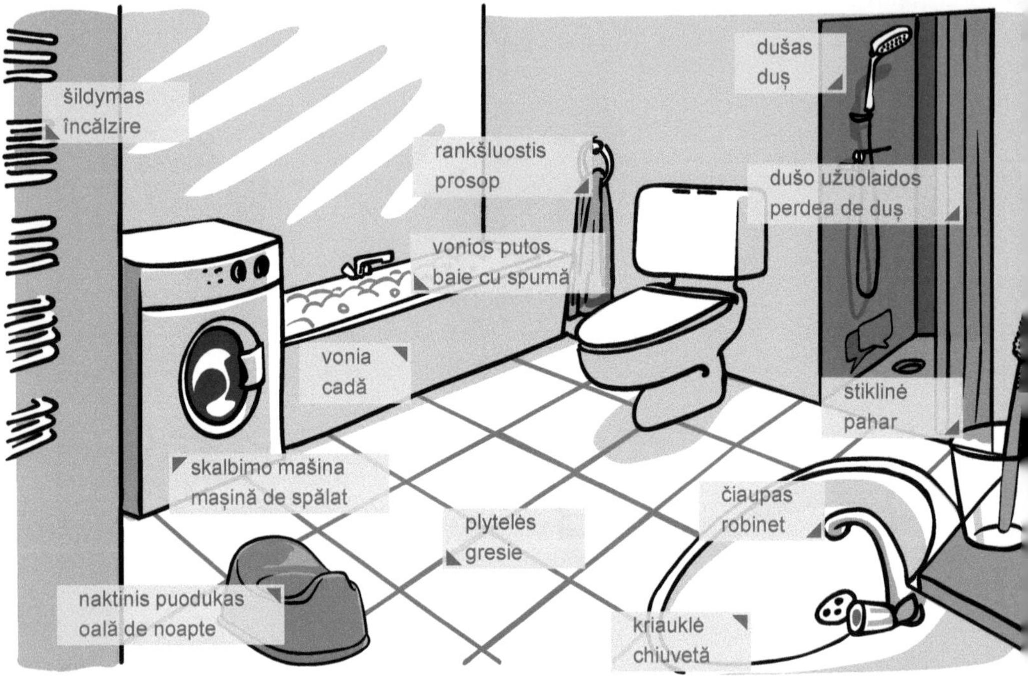

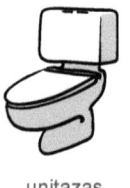

unitazas

toaletă

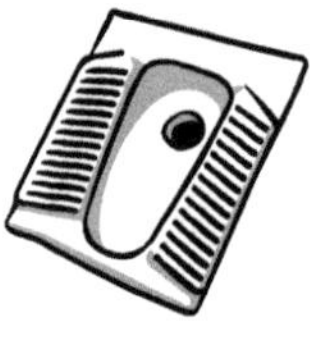

tupimasis unitazas

toaletă turcescă

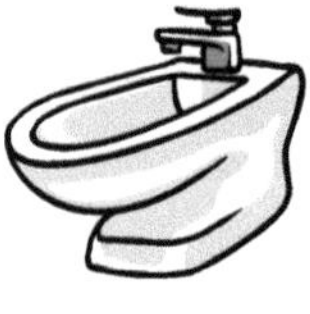

bidė

bideu

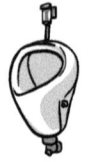

pisuaras

pisoir

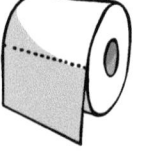

tualetinis popierius

hârtie igienică

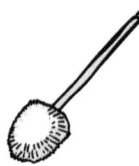

unitazo šepetys

perie de toaletă

dantų šepetėlis

periuță de dinți

dantų pasta

pastă de dinți

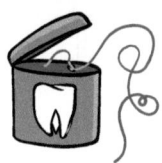

dantų siūlas

ață dentară

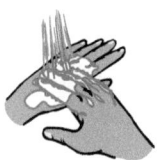

plauti

a spăla

dušo galvutė

cap de duș

higieninis dušas

duș intim

praustuvas

lavoar

nugaros plaušinė

perie pentru spate

muilas

săpun

dušo želė

gel de duș

šampūnas

șampon

plaušinė

cârpă de spălat

kanalizacija

scurgere

kremas

cremă

dezodorantas

deodorant

vonios kambarys - baie

veidrodis

oglindă

veidrodėlis

oglindă cosmetică

skustuvas

aparat de ras

skutimosi putos

spumă de ras

losjonas po skutimosi

aftershave

šukos

pieptene

šepetys

perie

plaukų džiovintuvas

uscător de păr

plaukų lakas

fixator

makiažas

machiaj

lūpdažis

ruj

nagų lakas

lac de unghii

vata

vată

žirklutės nagams

foarfece de unghii

kvepalai

parfum

maišelis skalbiniams

neseser

taburetė

taburet

svarstyklės

cântar

chalatas

halat de baie

guminės pirštinės

mănuși de cauciuc

tamponas

tampon

higieninis įklotas

tampon

biotualetas

toaletă chimică

vaiko kambarys
camera copiilor

žadintuvas
ceas deșteptător
pliušinis žaislas
jucărie de pluș
žaislinė mašinėlė
mașină de jucărie
barškutis
morișcă
lėlės namelis
casă de păpuși
dovana
cadou

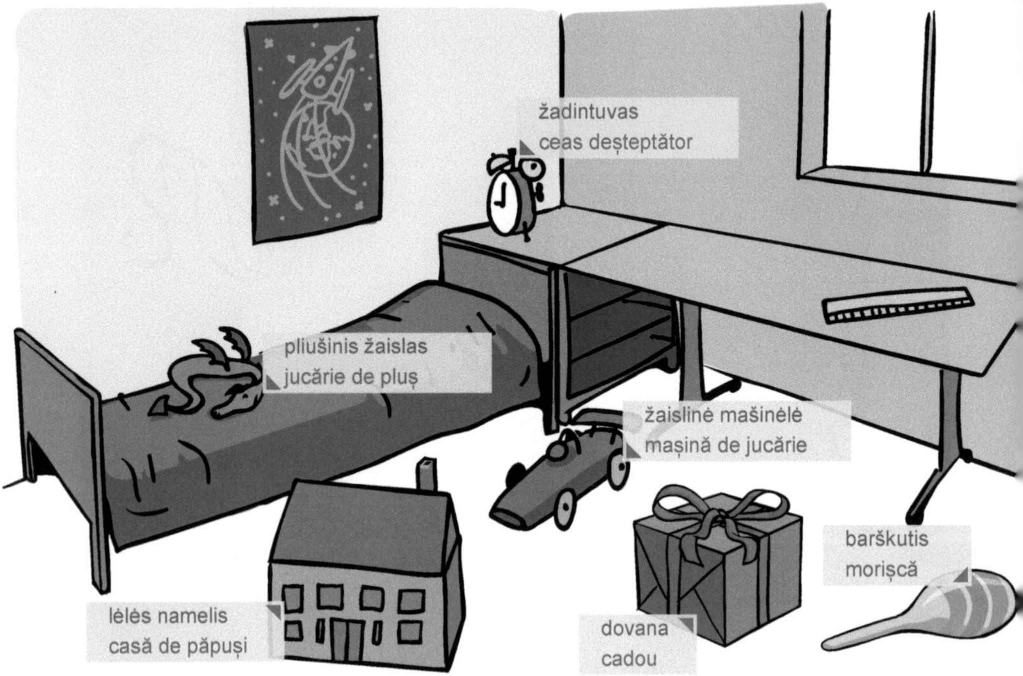

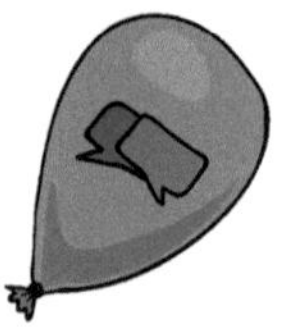

balionas

balon

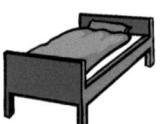

lova

pat

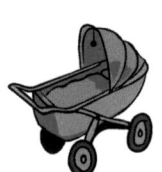

vaikiškas vežimėlis

cărucior de copii

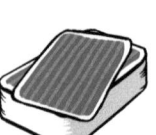

kortų malka

joc de cărți

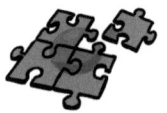

delionė

puzzle

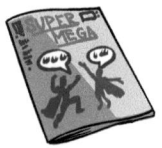

komiksai

revistă de benzi desenate

lego kaladėlės

cuburi lego

žaislinės kaladėlės

piese pentru construcţii

figūrėlė

personaj din filmele de acţiune

šliaužtinukai

body

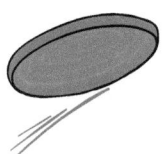

mėtymo lėkštė

frisbee

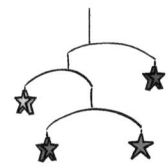

karuselė

mobil

stalo žaidimas

joc de societate

kauliukai

zar

žaislinis traukinys

set trenuleţ de jucărie

žindukas

suzetă

vakarėlis

petrecere

paveiksliukų knygelė

carte cu poze

kamuolys

minge

lėlė

păpușă

žaisti

a se juca

smėlio dėžė

groapă de nisip

sūpynės

leagăn

žaislai

jucării

žaidimų konsolė

consolă video

triratukas

tricicletă

meškiukas

ursuleţ

drabužių spinta

dulap

drabužis

îmbrăcăminte

kojinės

șosete

kojinės virš kelių

ciorapi

pėdkelnės

dres

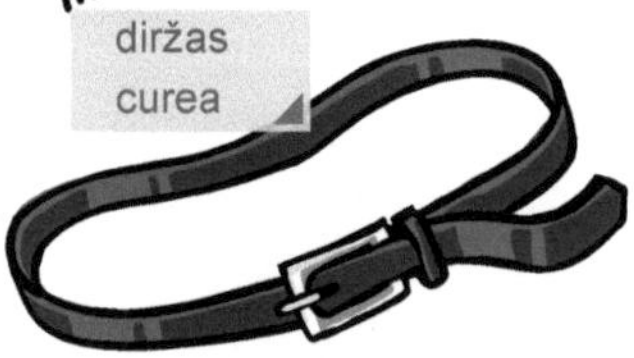

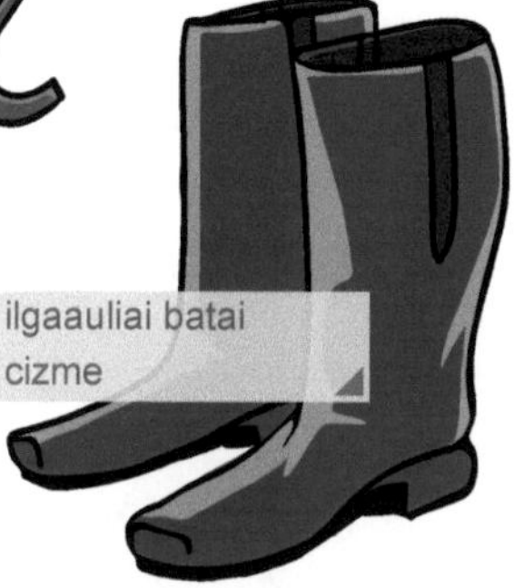

šalikas
šal

skėtis
umbrelă

diržas
curea

marškinėliai
tricou

ilgaauliai batai
cizme

šlepetės
papuci

sportbačiai
pantofi sport

sandalai
....
sandale

batai
....
încălţăminte

guminiai batai
....
cizme de cauciuc

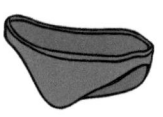

trumpikės
....
chilot

liemenėlė
....
sutien

liemenė
....
maiou

glaustinukė
body

kelnės
pantaloni

džinsai
blugi

sijonas
fustă

palaidinė
bluză

marškiniai
cămașă

megztinis
pulover

megztinis su gobtuvu
jerseu

švarkelis
sacou

švarkas
jachetă

paltas
palton

lietpaltis
pelerină de ploaie

kostiumas
costum

suknelė
rochie

vestuvinė suknelė
rochie de mireasă

kostiumas

costum

naktiniai marškiniai

cămaşă de noapte

pižama

pijama

saris

sari

skarelė

batic

tiurbanas

turban

burka

burka

kaftanas

caftan

abaja

abaya

maudymosi kostiumėlis

costum de baie

glaudės

şort

šortai

pantaloni scurţi

sportinis kostiumas

trening

prijuostė

şorţ

pirštinės

mănuşi

saga

nasture

akiniai

ochelari

apyrankė

brățară

vėrinys

lanț

žiedas

inel

auskaras

cercel

kepurė

căciulă

pakabas

umeraș

skrybėlė

pălărie

kaklaraištis

cravată

užtrauktukas

fermoar

šalmas

cască

breketai

bretele

mokyklinė uniforma

uniformă școlară

uniforma

uniformă

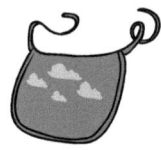

seilinukas

bavețică

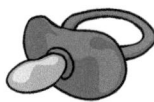

žindukas

suzetă

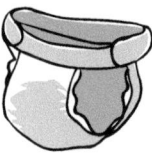

vystyklai

scutec

biuras
birou

serveris
server
dokumentų spinta
dulap de acte
spausdintuvas
imprimantă
popierius
hârtie
vaizduoklis
monitor
pelė
mouse
rašomasis stalas
masă de birou
aplankas
fișier
klaviatūra
tastatură
šiukšliadėžė
coș de gunoi
kompiuteris
computer
kėdė
scaun

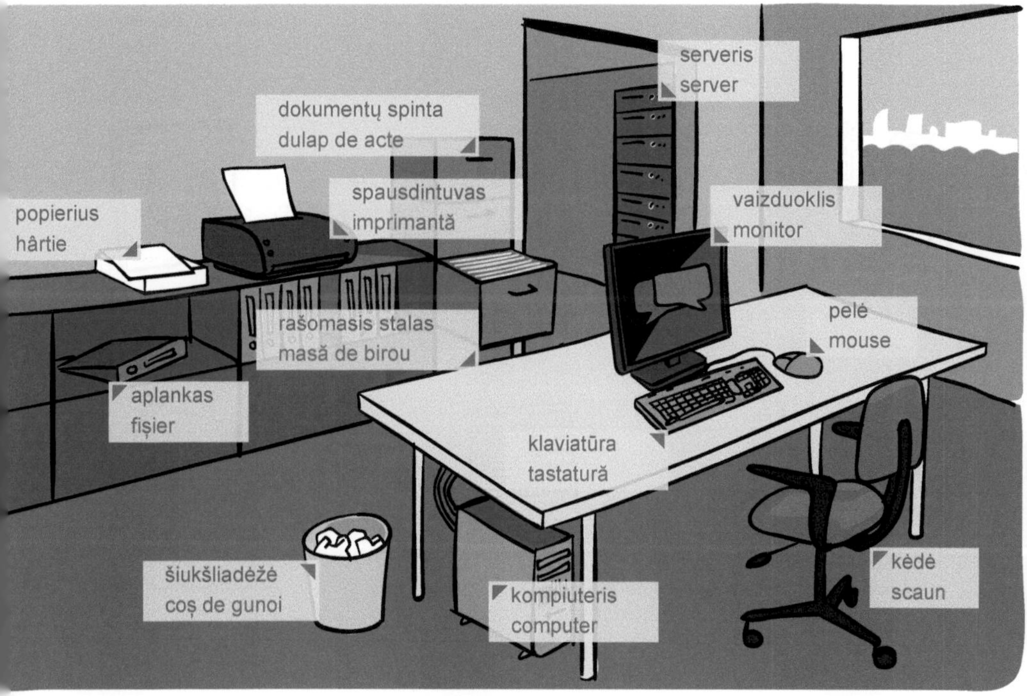

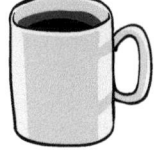

kavos puodelis

ceașcă de cafea

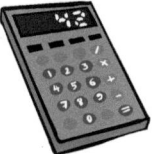

kalkuliatorius

calculator

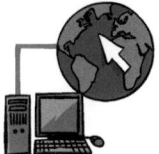

internetas

internet

nešiojamasis kompiuteris

laptop

laiškas

scrisoare

žinutė

mesaj

mobilusis telefonas

telefon mobil

tinklas

rețea

fotokopijavimo aparatas

copiator

programinė įranga

software

telefonas

telefon

kištukinis lizdas

priză

faksas

fax

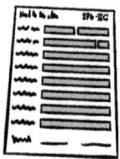

forma

formular

dokumentas

document

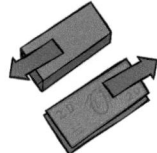

pirkti

a cumpăra

mokėti

a plăti

prekiauti

a face comerț

pinigai

bani

USD

doleris

Dolar

EUR

euras

Euro

JPY

jena

Yen

RUB

rublis

Rublă

CHF

Šveicarijos frankas

Franc Elveţian

CNY

juanis

renminbi yuan

INR

rupija

Rupie

bankomatas

bancomat

valiutos keitykla

casă de schimb valutar

auksas

aur

sidabras

argint

nafta

petrol

energija

energie

kaina

preț

sutartis

contract

mokestis

impozit

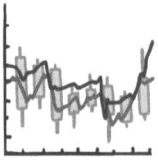

akcijos

acțiune

dirbti

a munci

darbuotojas

angajat

darbdavys

angajator

gamykla

fabrică

parduotuvė

magazin

profesijos
ocupații

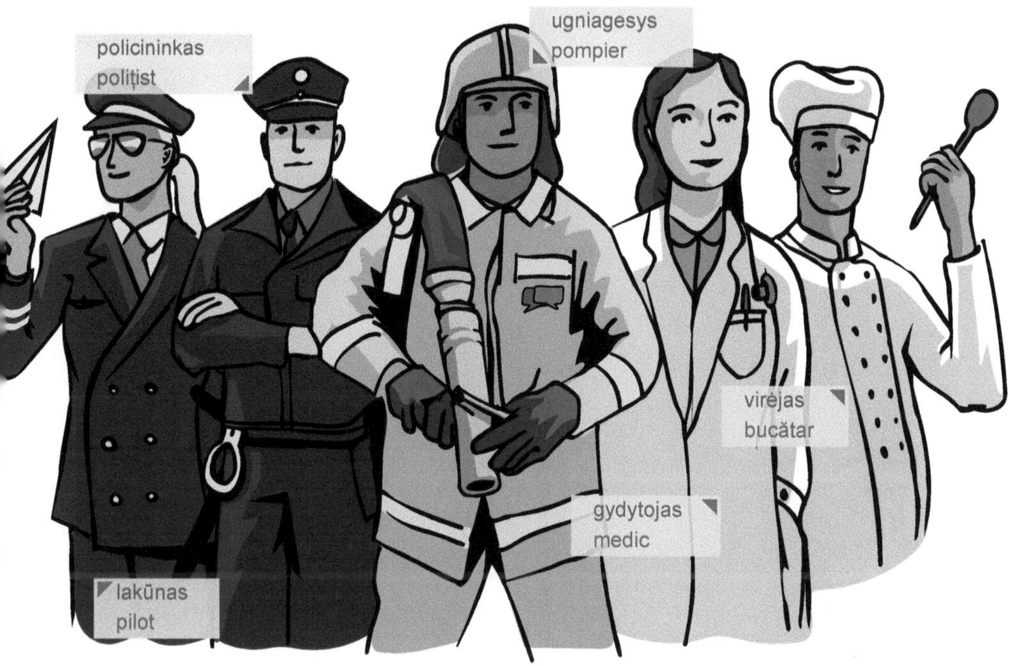

policininkas
polițist
ugniagesys
pompier
virėjas
bucătar
gydytojas
medic
lakūnas
pilot

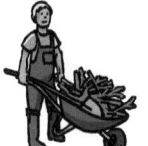

sodininkas

grădinar

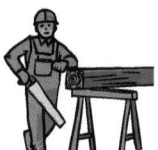

stalius

tâmplar

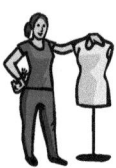

siuvėja

cusătoreasă

teisėjas

judecător

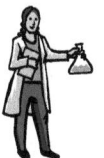

chemikas

chimist

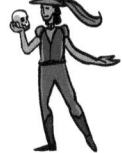

aktorius

actor

autobuso vairuotojas

șofer de autobuz

taksi vairuotojas

șofer de taxi

žvejys

pescar

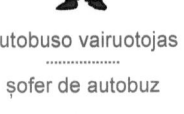

valytoja

femeie de serviciu

stogdengys

tinichigiu

padavėjas

chelnăr

medžiotojas

vânător

dailininkas

pictor

kepėjas

brutar

elektrikas

electrician

statybininkas

muncitor în construcții

inžinierius

inginer

mėsininkas

măcelar

santechnikas

instalator

paštininkas

poștaș

kareivis
soldat

architektas
arhitect

kasininkas
casier

gėlininkas
florar

kirpėjas
frizer

konduktorius
controlor

mechanikas
mecanic

kapitonas
căpitan

odontologas
stomatolog

mokslininkas
om de știință

rabinas
rabin

imamas
imam

vienuolis
călugăr

kunigas
preot

įrankiai
instrumente

plaktukas
ciocan
replės
clește
atsuktuvas
șurubelniță
raktas
cheie
suvirinimo apar
lanternă

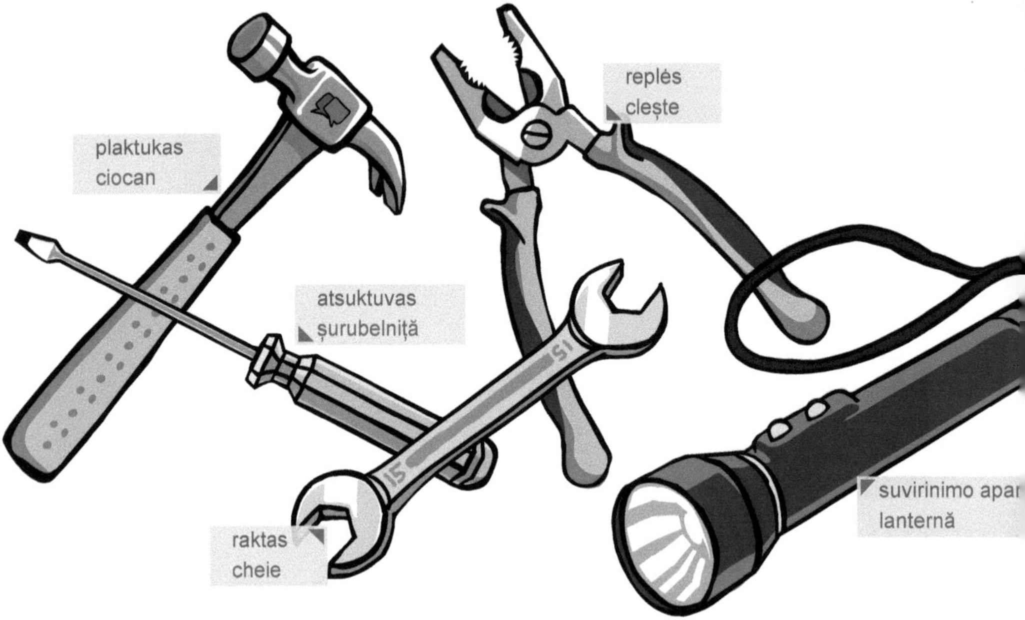

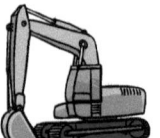

ekskavatorius
....
excavator

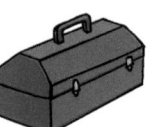

įrankių dėžė
....
cutie de scule

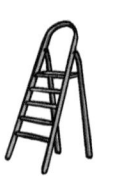

kopėčios
....
scară

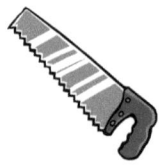

pjūklas
....
ferăstrău

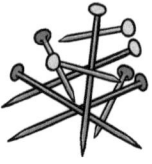

vinys
....
cuie

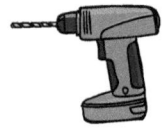

grąžtas
....
burghiu

taisyti
....
a repara

kastuvas
....
lopată

Velniava!
....
La naiba!

semtuvėlis
....
făraş

dažų skardinė
....
vas pentru vopsea

varžtai
....
şuruburi

muzikos instrumentai
instrumente muzicale

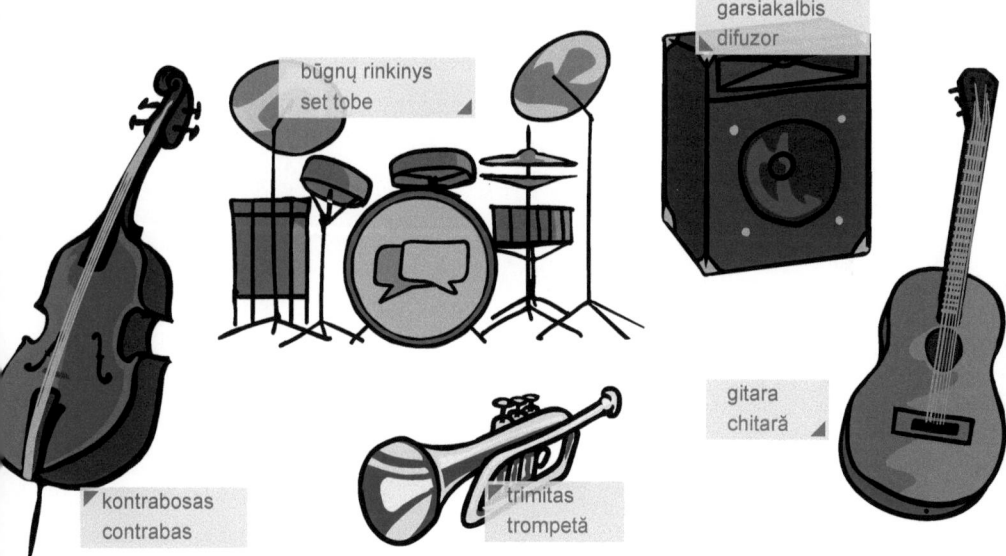

garsiakalbis
difuzor

būgnų rinkinys
set tobe

kontrabosas
contrabas

trimitas
trompetă

gitara
chitară

pianinas

pian

smuikas

vioară

bosinė gitara

bas

timpanas

trombon

būgnai

tobă

sintezatorius

keyboard

saksofonas

saxofon

fleita

fluier

mikrofonas

microfon

zoologijos sodas
grădină zoologică

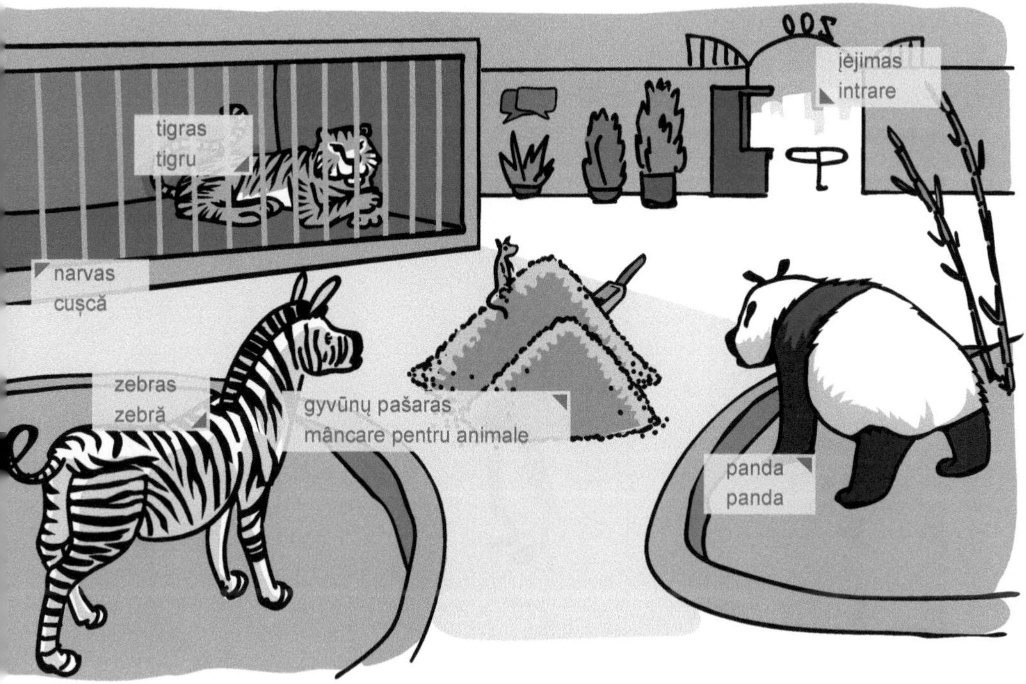
tigras
tigru
narvas
cușcă
zebras
zebră
gyvūnų pašaras
mâncare pentru animale
įėjimas
intrare
panda
panda

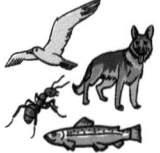

gyvūnai
animale

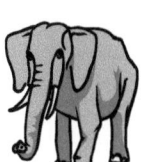

dramblys
elefant

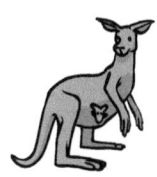

kengūra
cangur

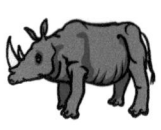

raganosis
rinocer

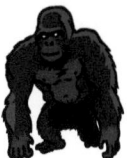

gorila
gorilă

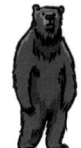

meška
urs

kupranugaris

cămilă

strutis

struț

liūtas

leu

beždžionė

maimuță

flamingas

flamingo

papūga

papagal

baltoji meška

urs polar

pingvinas

pinguin

ryklys

rechin

povas

păun

gyvatė

șarpe

krokodilas

crocodil

zoologijos sodo prižiūrėtojas

îngrijitor grădina zoologică

ruonis

focă

jaguaras

jaguar

ponis

ponei

leopardas

leopard

begemotas

hipopotam

žirafa

girafă

erelis

acvilă

šernas

porc mistreț

žuvis

pește

vėžlys

broască țestoasă

vėplys

morsă

lapė

vulpe

gazelė

gazelă

amerikietiškas futbolas
fotbal american

dviračių sportas
ciclism

tenisas
tenis

krepšinis
basketball

plaukimas
înot

boksas
box

ledo ritulys
hockey pe gheață

futbolas

fotbal

badmintonas

badminton

atletika

atletism

rankinis

handbal

slidinėjimas

schi

polas

polo

užsiėmimai
activități

juoktis
a râde
šokinėti
a sări
apkabinti
a îmbrățișa
vaikščioti
a merge
dainuoti
a cânta
svajoti
a visa
melstis
a se ruga
bučiuoti
a săruta

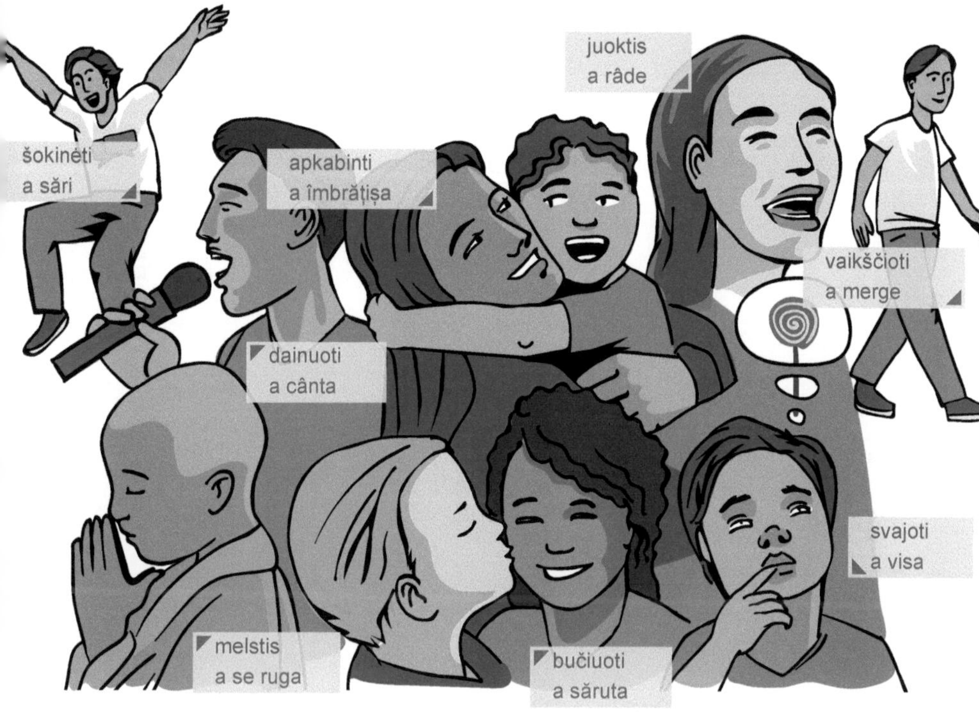

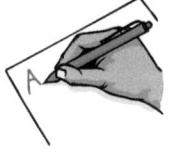

rašyti

a scrie

piešti

a desena

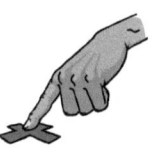

rodyti

a arăta

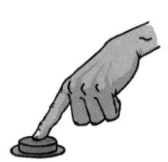

stumti

a împinge

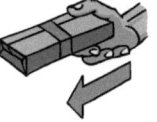

duoti

a da

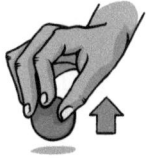

imti

a lua

turėti

a avea

daryti

a face

būti

a fi

stovėti

a sta în picioare

bėgti

a fugi

traukti

a trage

mesti

a arunca

kristi

a cădea

meluoti

a sta întins

laukti

a aștepta

nešti

a purta

sėdėti

a ședea

rengtis

a se îmbrăca

miegoti

a dormi

pabusti

a se trezi

žiūrėti

a privi

verkti

a plânge

glostyti

a mângâia

šukuoti

a se pieptăna

kalbėti

a vorbi

suprasti

a înțelege

paklausti

a întreba

klausytis

a asculta

gerti

a bea

valgyti

a mânca

tvarkytis

a face ordine

mylėti

a iubi

gaminti

a găti

vairuoti

a conduce

skristi

a zbura

buriuoti

a naviga

skaičiuoti

a calcula

skaityti

a citi

mokytis

a învăța

dirbti

a munci

vesti

a se căsători

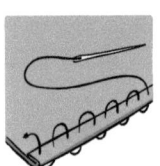

siūti

a coase

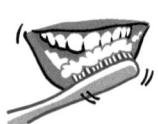

valytis dantis

a se spăla pe dinți

žudyti

a ucide

rūkyti

a fuma

siųsti

a trimite

senelė
bunică

senelis
bunic

tėvas
tată

motina
mamă

kūdikis
bebeluș

dukra
soră

sūnus
fiu

svečias
oaspete

teta
mătușă

dėdė
unchi

brolis
frate

sesuo
soră

kūnas

corp

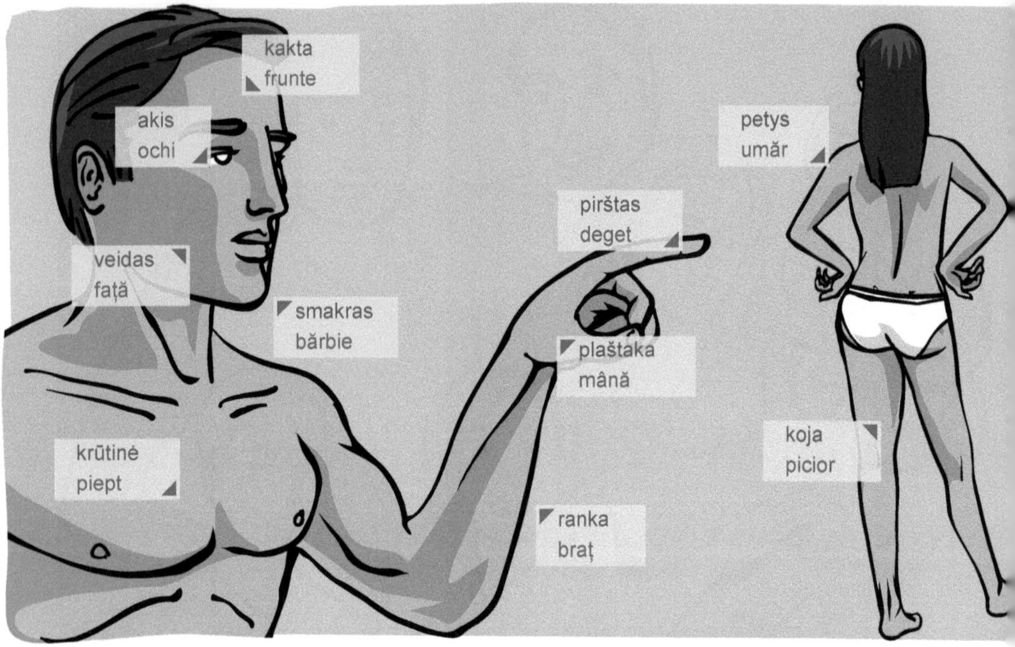

kakta
frunte
akis
ochi
petys
umăr
pirštas
deget
veidas
față
smakras
bărbie
plaštaka
mână
koja
picior
krūtinė
piept
ranka
braț

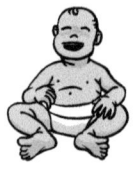

kūdikis

bebeluș

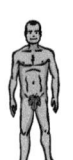

vyras

bărbat

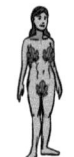

moteris

femeie

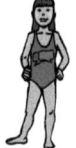

mergaitė

fată

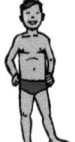

berniukas

băiat

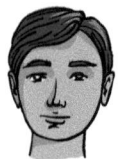

galva

cap

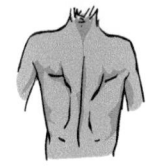

nugara

spate

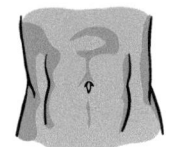

pilvas

abdomen

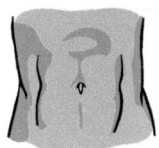

bamba

ombilic

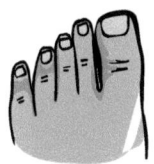

kojos pirštas

deget de la picior

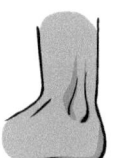

kulnas

călcâi

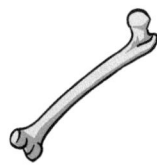

kaulas

os

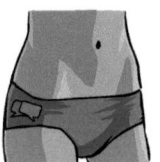

klubas

șold

kelis

genunchi

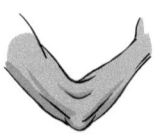

alkūnė

cot

nosis

nas

sėdmenys

fund

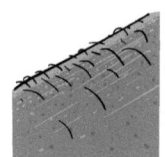

oda

piele

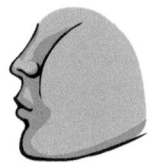

skruostas

obraz

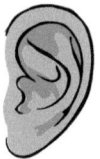

ausis

ureche

lūpa

buză

burna

gură

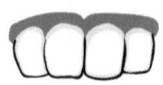

dantis

dinte

liežuvis

limbă

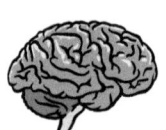

smegenys

creier

širdis

inimă

raumuo

mușchi

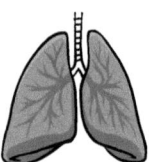

plaučiai

plămân

kepenys

ficat

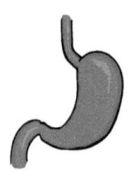

skrandis

stomac

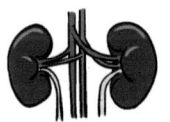

inkstai

rinichi

seksas

sex

prezervatyvas

prezervativ

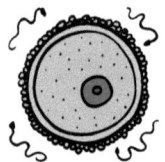

kiaušialąstė

ovul

sperma

spermă

nėštumas

sarcină

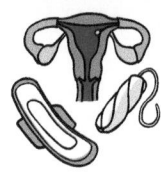

menstruacijos

menstruație

makštis

vagin

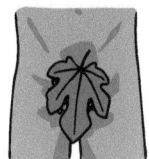

varpa

penis

antakis

sprânceană

plaukai

păr

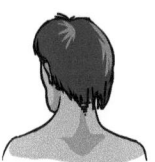

kaklas

gât

ligoninė

spital

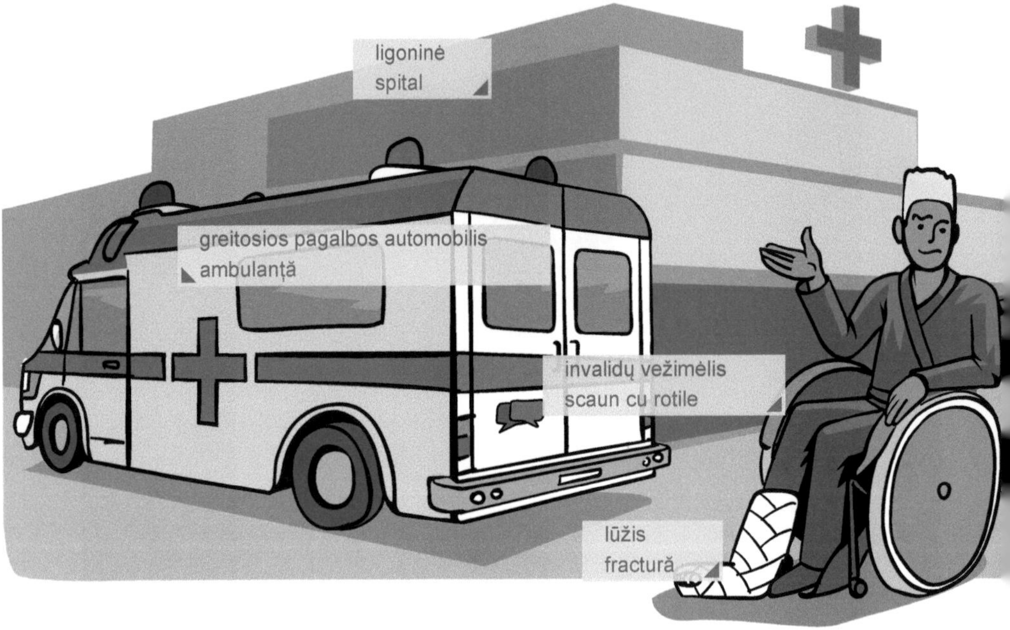

ligoninė
spital
greitosios pagalbos automobilis
ambulanță
invalidų vežimėlis
scaun cu rotile
lūžis
fractură

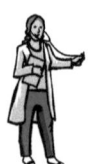

gydytojas

medic

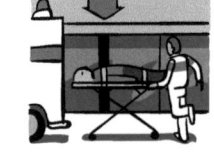

skubios pagalbos skyrius

unitate de primiri urgențe

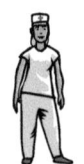

slaugytoja

soră medicală

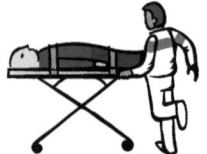

nelaimingas atsitikimas

urgență

be sąmonės

inconștient

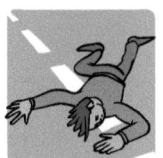

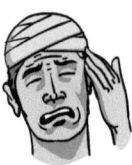

skausmas

durere

sužalojimas

leziune

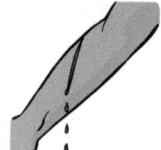

kraujavimas

sângerare

širdies smūgis

infarct miocardic

insultas

atac cerebral

alergija

alergie

kosulys

tuse

karščiavimas

febră

gripas

gripă

viduriavimas

diaree

galvos skausmas

durere de cap

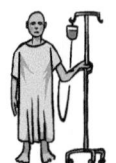

vėžys

cancer

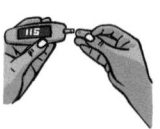

diabetas

diabet

chirurgas

chirurg

skalpelis

scalpel

operacija

operație

KT
CT

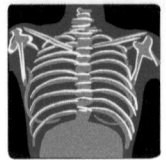

rentgenas
raze Röntgen

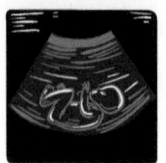

ultragarsas
ultrasunet

veido kaukė
mască

liga
boală

laukiamasis
sală de așteptare

ramentas
cârjă

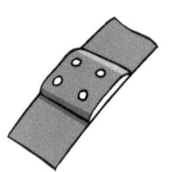

gipsas
plasture

tvarstis
bandaj

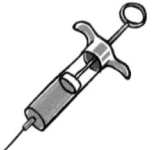

injekcija
injecție

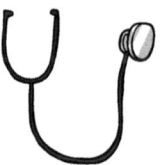

stetoskopas
stetoscop

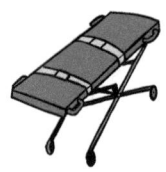

neštuvai
targă

termometras
termometru

gimimas
naștere

antsvoris
supraponderabilitate

klausos aparatas

aparat auditiv

dezinfekavimo priemonė

dezinfectant

infekcija

infecţie

virusas

virus

ŽIV / AIDS

HIV/SIDA

vaistas

medicină

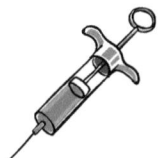

skiepijimas

vaccin

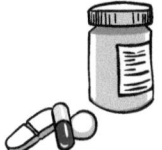

tabletės

tablete

piliulė

pastilă

kubios pagalbos numeris

apel de urgenţă

kraujospūdžio matuoklis

aparat de măsurare a
presiunii arteriale

ligotas / sveikas

bolnav/sănătos

Padėkite!

Ajutor!

pavojaus signalas

alarmă

užpuolimas

agresiune

ataka

atac

pavojus

pericol

avarinis išėjimas

ieșire de urgență

Gaisras!

Foc!

gesintuvas

extinctor

nelaimingas atsitikimas

accident

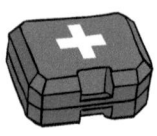

pirmosios pagalbos rinkinys

trusă de prim-ajutor

SOS

SOS

policija

poliție

Europa

Europa

Šiaurės Amerika

America de Nord

Pietų Amerika

America de Sud

Afrika

Africa

Azija

Asia

Australija

Australia

Atlanto vandenynas

Altantic

Ramusis vandenynas

Pacific

Indijos vandenynas

Oceanul Indian

Pietų vandenynas

Oceanul Antarctic

Arkties vandenynas

Oceanul Arctic

Šiaurės ašigalis

Polul Nord

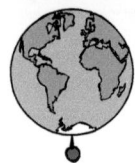

Pietų ašigalis

Polul Sud

Antarktida

Antarctica

Žemė

pământ

sausuma

țară

jūra

mare

sala

insulă

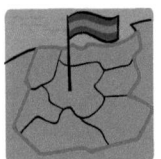

tauta

națiune

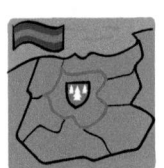

valstybė

stat

ciferblatas

cadran

valandinė rodyklė

orar

minutinė rodyklė

minutar

sekundinė rodyklė

secundar

Kiek valandų?

Cât e ceasul?

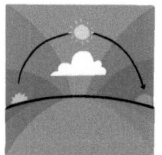

diena

zi

laikas

timp

dabar

acum

skaitmeninis laikrodis

cead digital

minutė

minut

valanda

oră

savaitė
săptămână

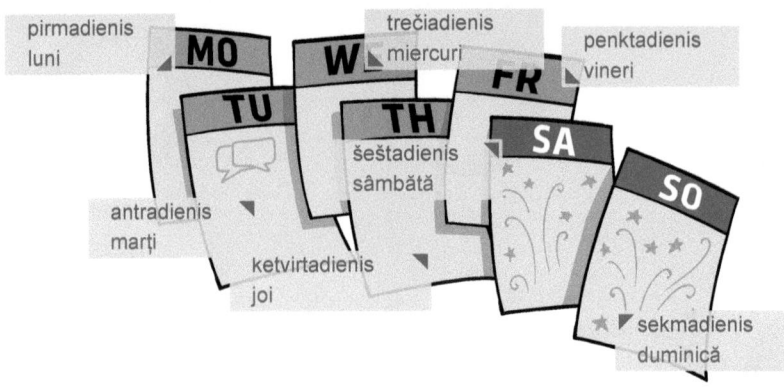

pirmadienis
luni

MO

W trečiadienis
miercuri

FR penktadienis
vineri

TU

TH

SA šeštadienis
sâmbătă

antradienis
marți

SO

ketvirtadienis
joi

sekmadienis
duminică

vakar
ieri

šiandien
azi

rytoj
mâine

rytas
dimineață

vidurdienis
amiază

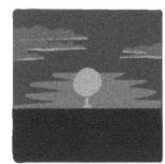

vakaras
seară

MO	TU	WE	TH	FR	SA	SU
1	2	3	4	5	6	7
8	9	10	11	12	13	14
15	16	17	18	19	20	21
22	23	24	25	26	27	28
29	30	31	1	2	3	4

darbo dienos
zile lucrătoare

MO	TU	WE	TH	FR	SA	SU
1	2	3	4	5	6	7
8	9	10	11	12	13	14
15	16	17	18	19	20	21
22	23	24	25	26	27	28
29	30	31	1	2	3	4

savaitgalis
week-end

metai

an

lietus
ploaie
vaivorykštė
curcubeu
vėjas
vânt
sniegas
zăpadă
pavasaris
primăvară
vasara
vară
ruduo
toamnă
žiema
iarnă

4.APRIL 11°
5.APRIL 4°
6.APRIL 13°
7.APRIL 8°
8.APRIL 10°

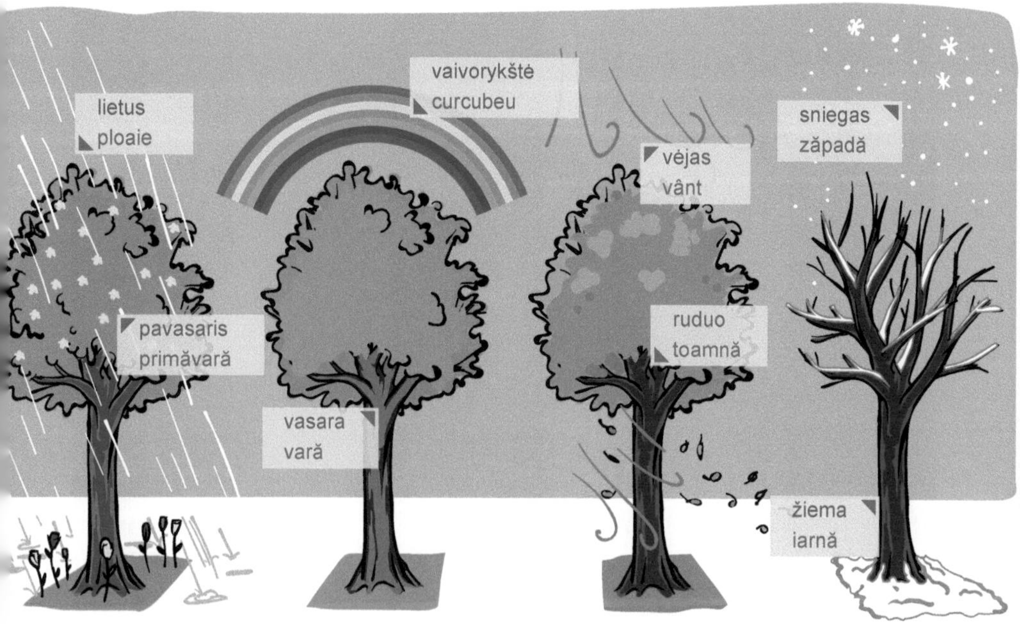

orų prognozė

prognoză meteo

F C
120 90 60 30 0 -30
40 30 20 10 0 -10 -20

lauko termometras

termometru

saulės šviesa

lumina soarelui

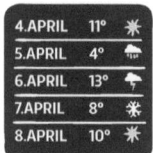

debesis

nor

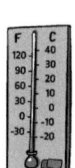

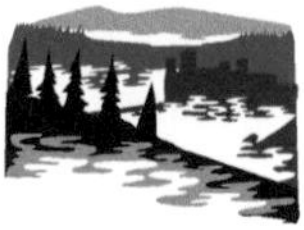

rūkas

ceață

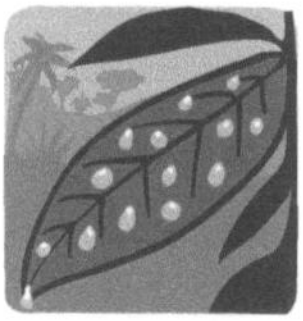

drėgmė

umiditate a aerului

žaibas

fulger

griaustinis

tunet

audra

furtună

kruša

grindină

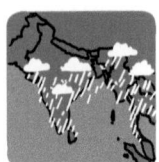

musonas

muson

potvynis

inundaţie

ledas

gheaţă

sausis

ianuarie

vasaris

februarie

kovas

martie

balandis

aprilie

gegužė

mai

birželis

iunie

liepa

iulie

rugpjūtis

august

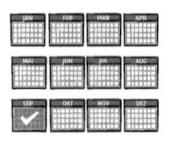

rugsėjis
....
septembrie

spalis
....
octombrie

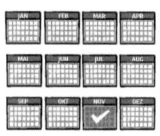

lapkritis
....
noiembrie

gruodis
....
decembrie

formos
forme

apskritimas
....
cerc

kvadratas
....
pătrat

stačiakampis
....
dreptunghi

trikampis
....
triunghi

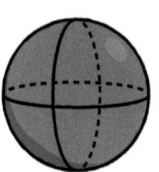

sfera
....
sferă

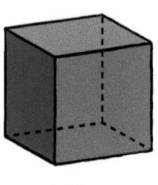

kubas
....
cub

balta

alb

geltona

galben

oranžinė

portocaliu

rožinė

roz

raudona

roşu

violetinė

violet

mėlyna

albastru

žalia

verde

ruda

maro

pilka

gri

juoda

negru

daug / mažai

mult/puţin

piktas / ramus

furios/calm

gražus / bjaurus

frumos/urât

pradžia / pabaiga

început/sfârșit

didelis / mažas

mare/mic

šviesus / tamsus

luminos/întunecat

brolis / sesuo

frate/soră

švarus / purvinas

curat/murdar

užbaigtas / neužbaigtas

complet/incomplet

diena / naktis

zi/noapte

mireş / gyvas

mort/viu

platus / siauras

lat/strâmt

valgomas / nevalgomas
comestibil/necomestibil

piktas / malonus
rău/prietenos

linksmas / nuobodus
emoționat/plictisit

storas / plonas
gras/slab

pirmiausia / paskiausia
primul/ultimul

draugas / priešas
prieten/inamic

pilnas / tuščias
plin/gol

kietas / minkštas
tare/moale

sunkus / lengvas
greu/ușor

alkis / troškulys
foame/sete

ligotas / sveikas
bolnav/sănătos

nelegalus / legalus
ilegal/legal

protingas / kvailas
inteligent/stupid

kairė / dešinė
stânga/drepta

arti / toli
aproape/departe

naujas / naudotas

nou/uzat

niekas / kažkas

nimic/ceva

senas / jaunas

bătrân/tânăr

įjungta / išjungta

pornit/oprit

atidaryta / uždaryta

deschis/închis

tylus / garsus

încet/tare

turtingas / vargšas

bogat/sărac

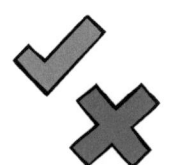

teisus / neteisus

corect/fals

šiurkštus / švelnus

aspru/neted

liūdnas / laimingas

trist/fericit

trumpas / ilgas

lung/scurt

lėtas / greitas

încet/repede

drėgnas / sausas

ud/uscat

šiltas / šaltas

cald/rece

karas / taika

război/pace

0

nulis

zero

1

vienas

unu

2

du

doi

3

trys

trei

4

keturi

patru

5

penki

cinci

6

šeši

șase

7

septyni

șapte

8

aštuoni

opt

9

devyni

nouă

10

dešimt

zece

11

vienuolika

unsprezece

12

dvylika
....
douăsprezece

13

trylika
....
treisprezece

14

keturiolika
....
paisprezece

15

penkiolika
....
cincisprezece

16

šešiolika
....
șaisprezece

17

septyniolika
....
șaptesprezece

18

aštuoniolika
....
optsprezece

19

devyniolika
....
nouăsprezece

20

dvidešimt
....
douăzeci

100

šimtas
....
o sută

1.000

tūkstantis
....
o mie

1.000.000

milijonas
....
un milion

anglų

englezǎ

amerikiečių anglų

englezǎ americanǎ

kinų (mandarinų)

chineza mandarinǎ

hindi

hindi

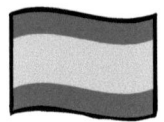

ispanų

spaniolǎ

prancūzų

francezǎ

arabų

arabǎ

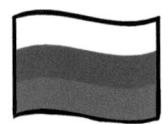

rusų

rusǎ

portugalų

protughezǎ

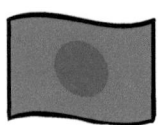

bengalų

bengalezǎ

vokiečių

germanǎ

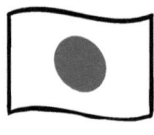

japonų

japonezǎ

aš

eu

tu

tu

jis / ji

el/ea

mes

noi

jūs

voi

jie

ea

kas?

cine?

ką?

ce?

kaip?

cum?

kur?

unde?

kada?

când?

vardas

nume

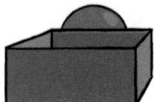

už
....
în spate

kur (vieta)
....
în

priešais
....
înainte

virš
....
peste

ant
....
pe

po
....
sub

prie
....
lângă

tarp
....
între

vieta
....
loc